Libres de ideología

U

© León Thorne, 2026

I.S.B.N.: 979-13-87862-93-0
Depósito legal: AB 73-2026

unoeditorial.com

Libres de ideología

Las ideologías son el cáncer del siglo XXI

LEÓN THORNE

U

Índice

Para mi padre.
Por esas conversaciones que nunca olvidaré. Aun
siendo un desastre con tu vida, sabías escuchar
y transmitirnos calma. Te echo de menos.

Prólogo

Escribo este libro porque estoy convencido de que las ideologías se han convertido en una cárcel mental. No son solo sistemas de ideas: son filtros que condicionan nuestra forma de mirar el mundo, de discutir, de votar y hasta de relacionarnos con los demás. Nos hacen creer que pensamos cuando, en realidad, repetimos. Nos dan identidad, pero nos quitan criterio.

Libres de ideología no es un manifiesto político ni una invitación a cambiar de bando. Al contrario: es una propuesta para escapar de los bandos. Para recuperar la capacidad más subversiva que aún nos queda: pensar por uno mismo.

Hoy vivimos rodeados de ruido: noticias, vídeos, tertulias, consignas, *hashtags*. Todo el mundo afirma, sentencia y acusa. Y, sin embargo, nunca hemos tenido tan poca autonomía intelectual. La presión por posicionarte —izquierda o derecha, feminista o machista, patriota o traidor, proesto o antiaquello— es constante. La discrepancia se penaliza. La duda se ridiculiza. El matiz, directamente, desaparece.

Este libro nace de una inquietud que quizá compartas: la sensación de que mucha gente no defiende ideas, sino identidades; que no argumenta, sino que reacciona; que no busca la verdad, sino la victoria moral. Y que, en ese clima, el pensamiento crítico se ha vuelto un acto casi antisocial.

Mi intención no es convencerte de nada. Es incomodarte. Hacerte dudar de las etiquetas que usas, de las que te han puesto y de aquellas que repites sin darte cuenta. Invitarte a mirar tus propias creencias —todas, también las más queridas— con una distancia nueva. No quiero que termines este libro pensando como yo. Quiero que termines pensando como tú. Sin tribu, sin consignas, sin miedo a disentir.

Si algo de lo que vas a leer te provoca, perfecto. Si algo te molesta, mejor. Si algo te obliga a repensar tus certezas, entonces habrá valido la pena. Porque la libertad no empieza cuando elegimos entre dos ideologías. Empieza cuando dejamos de necesitarlas para comprender el mundo.

Capítulo 1.
La jaula invisible

La ideología es un sustituto del pensamiento.

León Thorne

Vivimos rodeados de ruido: noticias, vídeos, *hashtags*, discursos. Todo el mundo tiene algo que decir, una causa que defender, una etiqueta que lucir en la *bio*. Parece que nunca hemos tenido tanto acceso a la información... y, sin embargo, pensamos cada vez menos por nuestra cuenta.

Hoy todo pasa por el filtro de una ideología. Da igual el tema: salud, sexo, economía, ecología, política o cultura. Tienes que posicionarte. ¿Eres de izquierdas o de derechas? ¿Progresista o conservador? ¿*Woke* o *antiwoke*? ¿Pro o anti? ¿*Team A* o *Team B*? Es una especie de *casting* moral permanente en el que cada opinión te coloca en un bando.

El problema no es tener ideas. Eso está bien. El problema es dejar que las ideas te tengan a ti.

Pensar o pertenecer

Las ideologías son como aplicaciones mentales que instalamos en nuestra cabeza: te dicen qué pensar, a quién odiar, de qué lado estar, y te dan la falsa sensación de que entiendes el mundo. ¿Y lo peor? Que son cómodas. Te dan una tribu, te hacen sentir parte de algo, te ahorran pensar.

Pero, a cambio, te roban lo más valioso: tu criterio.

Daniel Bell, uno de los sociólogos más importantes del siglo XX, escribió en los años sesenta que las grandes ideologías estaban perdiendo fuerza. Pensaba que íbamos hacia un mundo más racional y menos dogmático, un escenario donde las decisiones colectivas se tomarían sobre la base de la evidencia y no de creencias tribales. Se equivocó. Hoy no hay menos ideologías; hay más. Solo que se han vuelto más líquidas, más difíciles de detectar, y se camuflan bajo etiquetas aparentemente inocentes como «opiniones», «valores» o «luchas personales». Pero su esencia sigue siendo la misma: ofrecen una identidad, un enemigo y una narrativa simplificada del mundo.

Y, si no las compras, si no repites el mantra o cuestionas algún punto, te miran raro. O peor: te cancelan. Porque, en esta nueva era, disentir ya no es solo discrepar; para muchos es una ofensa moral.

Democracia no es pensar

Jason Brennan lo explicó con una claridad incómoda en su libro *Contra la democracia*. Dice algo molesto, pero real: la mayoría vota sin pensar, desinformada, por costumbre, por emoción o por lo que dicen sus amigos. Y, claro, eso es terreno fértil para las ideologías: si no analizas, te tragas lo que sea.

Noam Chomsky añadió algo aún más inquietante: argumenta que las sociedades pueden manipular sin censurar, simplemente controlando el marco del debate. Llenando todos los espacios con una sola narrativa, repitiéndola hasta que parezca verdad, y callando con etiquetas a quien piense diferente.

Hoy te pueden silenciar sin necesidad de censura oficial. Basta con llamarte facha, progre, cuñado, retrógrado o radical. Y ya está. Conversación cerrada. Tú, fuera.

Pensar te hace raro

Hendrik Ibsen expresa en su obra *Un enemigo del pueblo* que, cuando alguien dice una verdad que incomoda, la masa lo expulsa. ¿Por qué? Porque pensar es incómodo. Porque ir contra la corriente asusta. Porque es más fácil seguir el rollo y repetir lo que todo el mundo dice.

Y lo cierto es que la mayoría no quiere pensar; quiere tener razón. Y, para eso, las ideologías vienen de lujo. No necesitas leer ni contrastar nada. Solo repetir y odiar al enemigo de turno.

Pero, si has llegado hasta aquí, algo dentro de ti ya lo sabe. Ya has notado que algo no cuadra. Que hay demasiada gente gritando consignas y muy poca haciéndose preguntas.

Este libro va de eso: de hacer preguntas, de poner en duda las etiquetas, de desmontar las ideas que nos venden como verdades. No para darte una nueva ideología, sino para invitarte a algo mucho más peligroso —y mucho más necesario—: pensar por ti mismo.

¿Estamos seguros de pensar por nosotros mismos?

Capítulo 2.
¿Qué es una ideología?

Vivimos rodeados de ideologías. Las respiramos sin darnos cuenta. Están en la política, en los medios, en las series que vemos, en los *hashtags* que usamos y en los debates de sobremesa. Pero ¿sabemos realmente qué es una ideología? ¿O simplemente usamos la palabra para señalar al que piensa diferente?

Una ideología, en su definición más simple, es un conjunto de ideas, valores, creencias y propuestas que estructuran una visión del mundo. Es una forma de interpretar la realidad y de proponer cómo debería organizarse la sociedad. Hasta aquí, todo suena bien. El problema viene cuando dejamos de pensar por nosotros mismos para pensar a través de la ideología; cuando no cuestionamos y solo repetimos; cuando sustituimos la reflexión por la afiliación.

«La ideología es como una cama: cómoda al principio, pero peligrosa si te quedas dormido demasiado tiempo» (Anónimo).

Del origen al presente: un viaje con trampa

El término *ideología* fue acuñado por el pensador francés Destutt de Tracy en el siglo XVIII. Originalmente se refería a una «ciencia de las ideas», una forma de estudiar cómo pensamos. Pero con el tiempo, esa neutralidad se perdió. Napoleón lo usó de forma despectiva para ridiculizar a los intelectuales que lo criticaban y, desde entonces, el término ha estado manchado por la manipulación.

Las ideologías modernas se consolidaron sobre todo en los siglos XIX y XX, con la aparición de grandes corrientes como el liberalismo, el socialismo, el comunismo, el nacionalismo o el fascismo. Cada una ofrecía una explicación total de la sociedad y una receta para cambiarla. Algunas nacieron de la lucha por la libertad, otras de la promesa de igualdad, y muchas de ellas acabaron justificando atrocidades en nombre del «bien común».

¿En qué se diferencia una ideología de una idea?

Una idea puede ser puntual, flexible y abierta al diálogo. Una ideología, en cambio, suele ser sistemática, cerrada y resistente a la crítica. Las ideas evolucionan; las ideologías tienden a endurecerse.

Por ejemplo:

▸ Pensar que «los impuestos deben ser justos» es una idea.
▸ Defender que «todos los impuestos son un robo del Estado» o que «todo debe ser público» puede ser parte de una ideología.

Las ideologías se parecen a los filtros de Instagram: no ves la realidad tal cual es, sino según el color que te han enseñado a usar. **El problema es que muchos ni siquiera saben que llevan ese filtro puesto.**

Comparación entre idea e ideología

Concepto	Idea	Ideología
Definición	Pensamiento personal, original y libre.	Sistema de creencias colectivo y estructurado.
Origen	Surge de la reflexión y la experiencia individual.	Nace de un grupo, movimiento, escuela política o partido.
Flexibilidad	Abierta al cambio, la evolución y la crítica.	Rígida; tiende a defenderse sin aceptar cambios externos.
Función	Cuestionar, crear, innovar o resolver problemas concretos.	Unir, orientar, legitimar poder o identificar a un colectivo.
Peligro principal	Puede ser ignorada o incomprendida por el entorno.	Puede convertirse en dogma y limitar el pensamiento propio.
Ejemplo	«La educación debe fomentar el pensamiento crítico».	«Todos debemos apoyar la educación pública sin cuestionarla».

¿Por qué nos atraen las ideologías?

Porque nos dan seguridad. Porque simplifican un mundo que es complejo. Porque nos hacen sentir parte de un grupo. Porque nos ahorran el esfuerzo de pensar por nosotros mismos.

Creer en una ideología puede resultar cómodo. Es como tener una plantilla mental que te dice qué pensar sobre cualquier tema: economía, género, religión, educación, etc. Pero ese «paquete cerrado» también viene con una trampa: si algo no encaja en él, lo ignoras, lo justificas o atacas a quien lo dice.

Según Daniel J. Boorstin: «El mayor obstáculo al conocimiento no es la ignorancia, sino la ilusión de conocimiento».

Las ideologías como religión moderna

Las ideologías no solo dicen cómo es el mundo, sino cómo debería ser. Y en eso se parecen mucho a una religión: tienen dogmas, mártires, enemigos, rituales, herejes y fanáticos.

La diferencia es que la religión confiesa que cree, mientras que la ideología presume de que sabe. El religioso dice «esto lo creo»; el ideólogo afirma «esto es así». Y ahí empieza el peligro.

En nombre de las ideologías se han quemado libros, encarcelado disidentes, levantado muros y justificado guerras. Todo para imponer una forma de ver el mundo sobre las demás. **Todo para «salvarnos», aunque no lo hayamos pedido.**

¿Se puede vivir sin ideología?

Es difícil, pero sí podemos vivir sin estar dominados por una. La clave no está en rechazar todo sistema de ideas, sino en evitar que nos secuestren el pensamiento.

La verdadera libertad no consiste en no tener ideas, sino en poder cuestionarlas todas, incluidas las propias. Una persona crítica se parece más a un buscador que a un creyente: alguien que no necesita un dogma para existir, sino preguntas para evolucionar.

Capítulo 3.
De Marx a hoy: cómo nacen las ideologías

Las ideas dominantes de cada época fueron siempre las ideas de la clase dominante.

KARL MARX

Cuando hablamos de ideologías, no estamos hablando de algo nuevo. Lo que sí es nuevo es la forma en que hoy nos tragamos, sin pensar, muchas de esas ideas con envoltorio moderno. Desde Marx hasta Foucault, hay una línea de pensadores que se dejaron la cabeza —y a veces la vida— intentando entender cómo funcionan las ideas cuando se organizan en forma de poder.

Aquí vamos a repasarlos, no para aplaudirlos ciegamente, sino para ver cómo cada uno sacó a la luz un trozo del gran teatro ideológico en el que todos actuamos.

Karl Marx: la ideología como «falsa conciencia»

Para Marx, la ideología no era un conjunto de ideas bonitas, sino una máquina de anestesia. La clase dominante inventaba relatos para que los de abajo siguieran creyendo que todo era «natural».

La religión, la moral, el arte, la ley... cada una tenía su papel en ese teatro. El famoso «opio del pueblo» no era un ataque a la fe, sino una descripción brutal: calmaba el dolor mientras ocultaba la herida. Su gran intuición fue ver que las ideas pueden servir para legitimar la injusticia.

Lo que parece sentido común muchas veces es solo un consenso fabricado. Y esa advertencia sigue viva: cuando una opinión se vuelve incuestionable, suele estar protegiendo algún interés. Marx también nos dejó otra idea incómoda: muchas veces no elegimos lo que pensamos. Creemos que nuestras opiniones son fruto de nuestra libertad, pero en realidad nacen del entorno que habitamos: de la cultura, de la educación, del lenguaje y, sobre todo, de las condiciones materiales en las que vivimos. Para él, no es casualidad que quien tiene estabilidad defienda el orden y quien no la tiene quiera cambiarlo todo. Cada clase social desarrolla una visión del mundo que no es casual, sino coherente con su posición. Así se explica por qué algunas ideas triunfan sin necesidad de imponerse por la fuerza: simplemente encajan con los intereses de quienes pueden hacerlas pasar por sentido común.

Nietzsche: el pensamiento como rebelión contra la moral de rebaño

Nietzsche no hablaba de ideologías, pero sí de algo muy parecido: la moral de esclavos. Una moral que nace del resentimiento, de los débiles que no pueden cambiar el mundo, así que inventan valores para sentirse superiores.

Para Nietzsche, gran parte de lo que hoy llamamos «ética» es simplemente miedo disfrazado de virtud. La ideología, en ese sentido, sería una versión moderna de la religión: una estructura de valores impuesta que premia la obediencia y castiga la diferencia.

«Locura es rara en el individuo, pero en grupos, partidos, naciones y épocas, es la regla».

Con Nietzsche aprendemos que muchas ideologías se alimentan de nuestra necesidad de pertenecer. Pero él nos invita a ser el «superhombre»: aquel que se atreve a pensar fuera del rebaño. Nietzsche también advirtió algo esencial para entender las ideologías actuales: la mayoría de nuestras convicciones no nacen de la reflexión, sino del miedo. Miedo a equivocarnos, a destacar, a no pertenecer al grupo. Por eso las ideologías funcionan tan bien: ofrecen refugio emocional antes que respuestas racionales. Para Nietzsche, el peligro no era tener valores, sino no haberlos elegido uno mismo. Cuando la moral se convierte en rebaño, cuando la opinión se vuelve obediencia, dejamos de pensar para empezar a repetir. Y ahí es donde empezamos a desaparecer como individuos.

Ortega y Gasset: el hombre-masa y la pereza de pensar

Ortega llegó en un momento en que Europa creía haber dejado atrás las viejas ideologías, pero él vio otra amenaza: la masa satisfecha. Cuando escribió *La rebelión de las masas*, afirmó que el problema de la modernidad no era la ignorancia, sino la autosatisfacción del ignorante. El «hombre-masa» es aquel que tiene opiniones para todo, pero no se ha tomado el trabajo de pensar ninguna.

En la era de las ideologías de Twitter/X, el hombre-masa está más vivo que nunca.

Para Ortega, la ideología es peligrosa porque da una ilusión de claridad. Te hace sentir informado cuando, en realidad, solo repites lo que otros te han dado masticado. Y eso no solo empobrece el pensamiento: lo vuelve inútil.

Ortega entendió mejor que nadie el fenómeno del hombre-masa, esa persona que opina de todo sin haber profundizado en nada. Pero también vio algo más: que la masa no es una cuestión de número, sino de actitud. Hay pocos libros más actuales que *La rebelión de las masas*. Hoy, como entonces, la comodidad intelectual es la gran tentación. Nos creemos informados porque leemos titulares y seguimos cuentas afines. Ortega nos recuerda que pensar exige esfuerzo, disciplina y una cierta soledad interior. Por eso la ideología seduce tanto: te entrega un kit completo de opiniones ya listas para usar.

Hannah Arendt: el totalitarismo como ideología llevada al extremo

Arendt vivió en carne propia el horror del siglo XX. Judía, exiliada, crítica feroz del nazismo y del comunismo. Su análisis del totalitarismo es una advertencia brutal sobre lo que pasa cuando la ideología se convierte en ley absoluta.

En *Los orígenes del totalitarismo*, Arendt explica que las ideologías totalitarias no solo controlan el poder político, sino también el lenguaje, la memoria, la historia y el futuro. Te enseñan no solo qué pensar, sino cómo pensar. Y ahí es donde comienza el verdadero control.

Para Arendt, el mayor riesgo no es el dictador, sino el burócrata obediente: el que sigue órdenes sin pensar, el que se escuda en la ideología para no asumir responsabilidad moral.

Arendt no solo analizó los totalitarismos del siglo XX; también explicó cómo empiezan. Y no empiezan con tiros ni con dictadores carismáticos, sino con pequeñas renuncias: dejar de cuestionar, dejar de contrastar, dejar de dudar. El totalitarismo, decía Arendt, se sostiene en personas normales que dejan de pensar por sí mismas. Eso es lo que hace tan inquietante su análisis: no habla del pasado, sino de un mecanismo que puede activarse en cualquier época. Cuando una idea pretende explicarlo todo, cuando una causa exige adhesión absoluta, cuando disentir te convierte en enemigo, Arendt nos advertía que la ideología ya ha cruzado una línea peligrosa.

Simone Weil: las ideologías como ídolos modernos

Weil fue mística, filósofa y obrera, y una de las voces más radicales del pensamiento europeo del siglo XX. Para ella, las ideologías eran formas modernas de idolatría. Sustituyen a Dios, pero no nos liberan: solo cambian de nombre los altares.

Sostenía que el problema de las ideologías es que convierten las causas humanas en dogmas absolutos. Y todo dogma exige sacrificios. Por eso, según Weil, el fanático ideológico está dispuesto a destruir al otro en nombre del bien.

«Cuanto más fanáticamente cree alguien en una ideología, menos capaz es de ver el sufrimiento real» (Frase inspirada en Simone Weil).

Weil llevó esta crítica aún más lejos al afirmar que las ideologías actúan como dioses falsos: prometen redención, pero exigen obediencia. Para ella, el problema no era que las ideologías fueran incorrectas, sino que exigían un sacrificio constante: el sacrificio de la atención, del juicio y de la compasión. Weil entendía que, cuando una idea se convierte en un absoluto, empezamos a mirar a las personas como piezas de una causa. Y ese es siempre el primer paso hacia la deshumanización.

Su advertencia es simple y brutal: cuanto más ruido ideológico hay fuera, más debemos cuidar la sensibilidad interior.

Michel Foucault: el poder no se impone, se filtra

Foucault cambió el juego. Nos mostró que el poder ya no necesita gritar ni reprimir. Hoy basta con organizar el discurso, controlar el lenguaje y diseñar las normas de lo que es «normal» y «aceptable».

Según él, las ideologías no son estructuras verticales, sino redes. No necesitas un dictador: basta con un algoritmo, una ley, un experto o una etiqueta.

Foucault no te dice qué pensar; te obliga a preguntarte por qué piensas lo que piensas y qué estructura de poder lo hace posible.

Foucault completó el mapa explicando que el poder moderno no necesita violencia explícita: le basta con definir qué es normal. Lo inquietante de su pensamiento es que muestra cómo interiorizamos normas, lenguajes y marcos mentales que ni siquiera sospechamos. No hace falta prohibir una idea; basta con volverla invisible. No hace falta imponer un discurso; basta con convertirlo en el único que parece razonable.

Para Foucault, lo importante no es solo quién manda, sino quién define las preguntas que podemos hacernos. Y ahí es donde uno empieza a preguntarse cuántas de nuestras opiniones son realmente nuestras.

Entonces... ¿qué aprendemos de todo esto?

Que cada uno de estos pensadores, desde su rincón, nos dio una herramienta para entender cómo las ideologías moldean el mundo. Ninguno tuvo la verdad completa. Pero juntos nos permiten ver el mapa con más detalle:

▸ Marx nos muestra la ideología como disfraz del poder.
▸ Nietzsche, como escape del miedo.

- ▸ Ortega, como renuncia a la responsabilidad.
- ▸ Arendt, como maquinaria del horror.
- ▸ Weil, como religión sin alma.
- ▸ Foucault, como red que organiza lo posible.

No se trata de repetir sus ideas como dogmas —sería irónico—, sino de usarlas como palancas para sospechar de las ideas que hoy se nos venden como incuestionables. Pensar con ellos no es rendirse a sus ideologías; es precisamente lo contrario: empezar a salir de ellas.

Porque las ideologías no son un invento del pasado: solo han cambiado de vocabulario. Siguen prometiendo redención, identidad y sentido, y siguen cobrando, a cambio, nuestra capacidad de pensar por nosotros mismos.

Salir de una ideología no significa quedarse sin ideas, sino recuperar la posibilidad de elegirlas. Pensar con Marx, con Nietzsche o con Foucault no es rendirse a su doctrina: es aceptar su desafío. Porque el pensamiento libre no empieza con una consigna, sino con una duda. Y esa duda —la de mirar las ideas sin convertirlas en dioses— es la única revolución que todavía merece la pena.

Capítulo 4.
Democracia en crisis: el voto convertido en ideología

> La política se ha convertido en el arte
> de sacar provecho del miedo.

Vivimos en una época en la que mucha gente defiende su ideología con más pasión que su propia dignidad. No importa si tiene sentido, si es verdad o si ayuda a alguien: lo importante es que es *su* idea, *su* «equipo». Como si la política fuera el Mundial y el partido se jugara todos los días.

La democracia debería ser un sistema donde los ciudadanos votan con criterio, con datos y con responsabilidad... pero eso es lo que debería ser. En la práctica, votamos como hinchas. Con la camiseta puesta. Con la ideología tatuada.

Jason Brennan lo explica con claridad: la mayoría de la gente vota sin tener ni idea de lo que vota. No hay consecuencias reales por votar mal. Votas con las tripas, no con la cabeza. La democracia no recompensa al votante informado; premia al que grita más fuerte con más gente detrás.

En su libro *Contra la democracia*, Brennan propone la epistocracia: un modelo donde el voto exige competencia. Nos han vendido que votar es como un ritual sagrado, pero eso solo sería cierto si cada persona votara con criterio.

La realidad es que votamos como en una competición de equipos. No importa si los líderes mienten, incumplen o se contradicen. Lo importante es que «son los nuestros».

«Los partidos políticos se han convertido en bandas de *hooligans* ideológicos. Y el campo de juego es nuestra democracia».

En el programa *En la Frontera* (ep. 70, 2018), Juan Carlos Monedero conversó con Fernando Sánchez Dragó sobre un tema tan provocador como necesario: la calidad del voto. Dragó, con su estilo directo y sin pudores, defendía algo que pocos se atreven a decir en voz alta: que la democracia no puede funcionar bien si quienes votan no entienden lo que votan.

Planteaba que, del mismo modo que nadie puede pilotar un avión sin preparación, tampoco debería decidir sobre el destino de un país quien no sabe cómo funciona. Para Dragó, la ignorancia política no es inocente: es combustible para los demagogos. Y cuando la masa vota desde el miedo, la rabia o el resentimiento —y no desde la comprensión—, la democracia se convierte en una ruleta emocional.

Su crítica era más cultural que técnica. Decía que vivimos en una sociedad infantilizada, donde las ideologías sustituyen al pensamiento y la política se ha convertido en un teatro de consignas. En ese contexto, planteaba que tal vez el voto debería exigir un mínimo de competencia, no para excluir al pueblo, sino para protegerlo de quienes lo manipulan.

Coincidía así con Brennan en un punto clave: si el voto es sagrado, el pensamiento debería serlo aún más. Porque un voto ignorante no solo afecta al ignorante; afecta a todos. Y, en un país dominado por partidos convertidos en sectas emocionales, Dragó advertía que la democracia corre el riesgo de ser gobernada no por los mejores, ni siquiera por los buenos, sino por quienes mejor dominan el arte de seducir a los desinformados.

Hoy, con redes sociales, medios de comunicación polarizados y discursos cada vez más emocionales, votar se ha vuelto un acto emocional. No analizamos: nos alineamos. No debatimos: atacamos. ¿Y sabes quién gana en ese escenario? Los partidos que mejor manipulan las emociones. Los que simplifican problemas complejos en frases fáciles: «Ellos son el problema; nosotros, la solución».

El político lanza la consigna, el medio la amplifica, la red la viraliza. Y tú la tragas. El voto se convierte así en una herramienta de validación ideológica. No importa lo que haga «mi» partido: lo votaré igual. Porque si gana «el otro», el mundo se acaba. Literalmente. Esa es la lógica. Infantil, pero real.

La democracia no se destruye cuando gana quien no te gusta. Se destruye cuando votamos sin pensar, sin leer, sin saber qué estamos eligiendo. Quizá el problema no es que haya muchas ideologías. El problema es que hay pocas ideas.

«Una democracia de fanáticos no es mejor que una dictadura de cobardes».

¿Votarías igual si solo tu conciencia estuviera presente?

Te lo dejo ahí.

Capítulo 5.
¿Y tú de qué lado estás?

Vivimos en una sociedad que nos repite constantemente que somos libres. Que podemos elegir qué consumir, qué vestir, a quién votar, con quién acostarnos y hasta qué identidad llevar. Pero detrás de todo ese escaparate de opciones hay una pregunta que casi nadie se hace:

¿De verdad estás eligiendo tú… o ya lo eligieron por ti?

Spoiler: muchas veces ya te eligieron antes de que tú pensaras por tu cuenta.

Todos necesitamos sentir que pertenecemos a algo. La identidad no es un capricho moderno; es una parte esencial de quienes somos. Nos construimos en relación con lo que vivimos, con lo que sentimos y con las personas y comunidades con las que compartimos camino. Tener una identidad —cultural, personal, social o espiritual— da sentido, raíces y una sensación de lugar en el mundo.

El problema no es tener identidad. El problema empieza cuando esa identidad se convierte en un filtro rígido que ya no nos permite pensar con libertad. Cuando deja de ser un punto de partida para convertirse en un muro. Cuando, sin darnos cuenta, empezamos a ver a los demás no como personas, sino como «los otros».

¿Por qué pensamos lo que pensamos?

No es casualidad que la mayoría de tus amigos piensen parecido a ti. No es casualidad que, en tu barrio, la mayoría vote lo mismo. No es casualidad que tus redes sociales estén llenas de gente que dice lo que tú ya crees.

Y no, no es porque tú seas más listo. Es porque todos crecemos dentro de una burbuja ideológica.

Una mezcla de entorno familiar, educación, medios, cultura pop, *influencers*, algoritmos y experiencias que, sin que lo notes, va formando una especie de «manual de pensamiento» que te acompaña a todas partes.

Ese manual te dice:

- ► qué está bien y qué está mal;
- ► a quién hay que admirar y a quién despreciar;
- ► qué causas debes defender con orgullo y cuáles odiar con rabia;
- ► qué puedes decir en público y qué tienes que callarte si no quieres líos.

Y si no lo cuestionas, ese manual acaba convirtiéndose en tu religión mental. Ya no necesitas pensar cada tema desde cero: consultas tu «dogma de bolsillo» y actúas en consecuencia. Crees que estás siendo crítico... cuando, en realidad, funcionas en piloto automático.

Ideologías como refugio emocional

Las ideologías no solo te ofrecen una forma de ver el mundo. Te ofrecen un lugar emocional donde sentirte parte de algo: una familia simbólica, una identidad colectiva. Y eso no es poca cosa.

Vivimos en un tiempo de incertidumbre constante: crisis climática, guerras, polarización, ansiedad generalizada. La gente está cansada, sola y confundida. En ese contexto, las ideologías funcionan como refugio emocional. Te dan certezas, enemigos claros, un «nosotros» frente a un «ellos».

Y, como decía Erich Fromm, mucha gente no busca una libertad real, sino alivio. Quiere un lugar donde no tener que pensar todo el tiempo, donde sepa que está en «el lado correcto».

Eso es justo lo que las ideologías te venden: un mapa simplificado del mundo, un GPS emocional. Aunque esté lleno de atajos mentales, contradicciones y ceguera selectiva.

Las trampas del pensamiento binario

Las ideologías funcionan como filtros de pensamiento, pero también como trampas de percepción. Una de las más peligrosas es la dicotomía simplista:

- ▸ izquierda o derecha;
- ▸ feminista o machista;
- ▸ capitalista o comunista;
- ▸ *woke* o *boomer*;
- ▸ ecologista o negacionista.

Esta lógica de «o estás conmigo o estás contra mí» es la muerte del pensamiento matizado. El mundo es complejo. La realidad es contradictoria. Las personas también lo son. Pero las ideologías necesitan simplificar para funcionar; de lo contrario, pierden fuerza.

Y ahí es donde te atrapan: si no estás del lado correcto, automáticamente eres enemigo. Aunque tú solo estés haciendo preguntas. Aunque solo estés dudando.

Pensadores incómodos

Algunos filósofos y escritores ya detectaron este problema mucho antes que nosotros.

Daniel Bell, en *El fin de las ideologías*, sostenía que las grandes teorías políticas del siglo XX habían fracasado por su incapacidad para adaptarse a la realidad moderna llena de matices, contradicciones e individuos complejos. Para Bell, el futuro debía basarse en decisiones racionales, no en dogmas emocionales.

Jason Brennan, en *Contra la democracia*, defendía que el voto no es un derecho sagrado si se ejerce sin conocimiento. Plantea algo muy loco pero honesto: que mucha gente debería abstenerse si no está bien informada. ¿Por qué? Porque votar mal informado alimenta el poder de las ideologías populistas que solo saben manipular emociones.

Noam Chomsky, desde otro ángulo, ha mostrado cómo los medios no necesitan mentir para manipular. Basta con enfocar siempre en lo que interesa al poder y callar lo que lo incomoda. El control no está solo en lo que te dicen, sino también en lo que no te dejan pensar.

Porque la masa no premia al que piensa; premia al que confirma su comodidad.

El peligro de convertirte en soldado de una idea

Las ideologías te prometen claridad, pertenencia y propósito. Pero el precio es alto: dejas de pensar como individuo. Te conviertes en un repetidor de ideas ajenas, en un soldado sin uniforme, en un fanático con causas justas pero con pensamiento prestado.

Cuando toda tu identidad gira en torno a una ideología, ya no puedes discutir con honestidad. Porque cualquier duda suena a traición. Cualquier crítica interna se convierte en debilidad. Y, en vez de mejorar tus ideas, te blindas contra cualquier pensamiento que las cuestione.

Eso no es tener convicciones. Eso es tener miedo.

No se trata de renunciar a tu identidad, ni de diluirla, ni de fingir que da igual quién eres. Tu historia, tus raíces, tus valores y tus experiencias importan. Tu identidad es una parte legítima de ti.

Pero merece la pena recordar que una identidad sana es una casa en la que puedes vivir con comodidad, no una fortaleza desde la que disparar a todo lo que es diferente. Puede acompañarte, darte calidez y sentido, sin convertirse en una frontera que te limite a ti... o a los demás.

Si tu identidad te permite escuchar, aprender, matizar y cambiar, entonces te sostiene. Si te obliga a defenderla, aunque te daña, si te impide ver a quien piensa distinto como un ser humano y no como un enemigo, entonces ya no es identidad: es ideología.

La identidad puede ser un punto de partida, no un destino. Un lugar desde el que abrirte al mundo, no desde el que cerrarte a él.

Cuando tu identidad te acompaña, en lugar de dirigirte, sigues siendo tú quien piensa.

Y ahí, precisamente ahí, empieza tu libertad.

Capítulo 6.
Crisis política e ideológica en España: del bipartidismo a la polarización

Durante los años previos al estallido político, España vivió un desgaste silencioso. La crisis económica de 2008 golpeó con una fuerza nunca vista desde la Transición: millones de personas perdieron su empleo, los jóvenes se marcharon al extranjero y las instituciones parecían incapaces de ofrecer respuestas. A ello se sumó una década marcada por grandes casos de corrupción —Gürtel, los ERE, Púnica— que erosionaron la credibilidad del PSOE y del PP.

El contrato social que había sostenido el país durante más de treinta años empezó a resquebrajarse. La gente dejó de creer que los partidos tradicionales defendieran el interés general. Y cuando la confianza se evapora, el espacio queda abierto para discursos que apelan más a la emoción que a la razón. España había cambiado mucho antes del 15M, aunque entonces no nos dimos cuenta.

La política española funcionaba como un tablero predecible. No perfecto, pero comprensible. Hoy, sin embargo, se parece más a un laberinto emocional que a un espacio de debate racional. Este cambio no surgió de la noche a la mañana: fue el resultado de una acumulación de desencanto, frustración y deseos legítimos de renovación que, con el tiempo, se transformaron en un escenario muy distinto del que imaginamos cuando pedíamos «más democracia».

El espejismo del 15M: de la indignación al fanatismo

Lo que empezó como una protesta legítima contra la corrupción, la desigualdad y la desconexión de la clase política terminó transformándose en un espectáculo ideológico. El 15M nació como una llamada a una democracia más participativa, sin partidos, sin líderes y sin etiquetas. Pero su espíritu ciudadano fue absorbido rápidamente por estructuras ideológicas que capitalizaron el descontento para construir nuevas plataformas partidistas. ¿Dónde quedó el espíritu ciudadano y apartidista de Sol?

El desafío no fue que el 15M pidiera cambios. El problema llegó cuando el discurso dejó de invitarnos a pensar juntos y empezó a dividir a quienes pensaban diferente. Ese fue el primer síntoma de una enfermedad que hoy domina el panorama político español: la incapacidad de convivir con la discrepancia.

El filósofo contemporáneo Slavoj Žižek, conocido por analizar cómo las ideas pueden convertirse en dogmas incluso cuando nacen con buenas intenciones, lo explica así: «los movimientos populares a menudo son secuestrados por los mismos sistemas que pretendían derribar».

Žižek nos recuerda que muchas identidades, movimientos o causas sociales empiezan para liberar a las personas, darles voz o defender derechos. Pero, con el tiempo, si dejan de escucharse a sí mismos y se convierten en verdades absolutas que nadie puede cuestionar, terminan creando el mismo tipo de presión del que querían escapar. Es decir, lo que empieza como liberación puede convertirse en una nueva forma de control.

Fin del bipartidismo... ¿o comienzo del caos?

Durante décadas, PSOE y PP se alternaron en el poder. ¿Era perfecto? No. ¿Era estable? Sí. El bipartidismo tenía un defecto claro —la sensación de que «esto no puede cambiar»—, pero aseguraba gobernabilidad.

Con la irrupción de nuevos partidos surgió la esperanza de una democracia más rica y representativa. Pero la realidad ha sido distinta: fragmentación, ingobernabilidad y chantajes de minorías. Ahora, formar gobierno es como armar un rompecabezas con piezas que no encajan. Mientras tanto, los ciudadanos seguimos esperando respuestas.

El auge de los extremos y el declive del centro

Hoy, en España, o eres rojo o eres facha. Punto. El centro se ha vuelto sospechoso. La política española vive de trincheras. La cultura de la cancelación se ha infiltrado en el debate público y la discrepancia ya no se tolera: se combate.

Las redes sociales actúan como cámaras de eco. Vemos lo que nos confirma y odiamos lo que nos desafía. El algoritmo no busca verdad; busca adicción. Y la adicción política se ha convertido en la droga nacional.

Basta encender la televisión para verlo. Los debates políticos se han convertido en concursos de gritos donde importa más la humillación del rival que la verdad. Los programas de *prime time* alimentan polémicas irrelevantes y las redes sociales las multiplican.

La política ya no discute ideas; discute identidades. Y cuando todo se vive como un ataque personal, es imposible dialogar.

¿Qué democracia es esta?

En teoría, todos los votos valen lo mismo, ¿no? Pero un escaño puede costar cinco o seis veces más votos en una provincia grande que en una pequeña. Esto distorsiona la voluntad popular y otorga un poder desproporcionado a partidos regionalistas que representan a una minoría, pero condicionan a toda la nación.

Una piedra angular de la reforma sería instaurar una segunda vuelta electoral. Así, quien gobierne lo haría con una legitimidad clara y no con parches ni con pactos oscuros con partidos que, en algunos casos, ni siquiera creen en el Estado que los financia. Otros países han resuelto este problema con sistemas mixtos, como Alemania, o con segundas vueltas, como Francia.

Partidos regionalistas y la traición al proyecto común

No tiene sentido que partidos cuyo objetivo declarado es romper España tengan la llave para gobernarla. ¿Cómo es posible que una formación que solo representa a una minoría regional tenga más poder que millones de votantes en todo el país?

José Ortega y Gasset lo anticipó hace un siglo: el particularismo es síntoma de decadencia. Cuando cada cual va a lo suyo, se rompe el «nosotros» y la nación entra en decadencia. El particularismo no solo divide políticamente; divide también culturalmente.

Mentiras, pactos y democracia sin ética

Prometer una cosa y hacer la contraria debería tener consecuencias. Pactar con quien dijiste que jamás pactarías debería invalidar tu legitimidad.

¿Tan difícil es pedir que los partidos registren ante notario qué pactos aceptarían antes de las elecciones?

No se trata de limitar la política, sino de proteger la democracia frente al engaño.

¿Y si exigimos más a nuestros políticos?

Para ser médico necesitas años de formación. Para conducir un autobús, un carnet y pruebas. Pero para ser ministro o diputado, basta con estar en la lista adecuada. ¿No deberíamos exigir formación, experiencia o, al menos, un mínimo de preparación a quienes deciden el rumbo del país?
Nos han vendido que «cualquiera puede gobernar».
Y, claro, así nos va.

Educación cívica: la gran ausente

Nos enseñan matemáticas, historia y lengua, pero no nos enseñan a votar. No nos enseñan cómo funciona el sistema electoral, qué significan las instituciones ni cuál es el rol del ciudadano. Cuando los votantes no están informados, la democracia degenera.
Y nosotros estamos votando como si fuéramos hinchas de un equipo, no como ciudadanos de un país.

¿Soluciones? Menos gritos, más propuestas

No es una utopía; es sentido común.
Hay caminos posibles:

- ▸ Segunda vuelta electoral.
- ▸ Reforma del sistema de reparto de escaños.
- ▸ Obligación de que los partidos declaren públicamente con quién están dispuestos a pactar.
- ▸ Exigencia mínima de formación para los cargos públicos.

- Un pacto nacional que blinde la educación.
- Penalización de las mentiras flagrantes en campaña.

Conclusión: más ciudadanía, menos barra de bar

España no necesita más partidos. Necesita mejores ciudadanos. Más pensamiento crítico y menos memes. Más libros y menos banderas.

Como argumentó Hannah Arendt: «El poder surge del acto de reunirse y actuar juntos». Pero no se puede actuar juntos si cada uno está encerrado en su ideología como en una cárcel. Salgamos de ella. Empecemos a votar con la cabeza. De verdad.

«El problema no es que haya muchos partidos. El problema es que hay pocos que piensen en el país entero».

Capítulo 7.
Redes sociales y medios: la gasolina de la ideología

El combustible invisible

Vivimos en la era del algoritmo. Cada vez que haces *scroll* en el móvil, hay un algoritmo decidiendo qué ves. No busca informarte; busca atraparte. Y lo que más atrapa no es la verdad, sino la polémica, el miedo, el odio, la emoción rápida. Las redes no están diseñadas para el pensamiento crítico, sino para la adicción. Lo que empieza como información termina siendo intoxicación.

El problema es que el algoritmo no es neutral. Si te gusta un vídeo de un político, te mostrará más contenidos similares. Si insultas a un partido, te pondrá enfrente del otro bando para que te enganches a la pelea. No estás navegando libremente: estás siendo programado para ver el mundo de una manera concreta. No es una ventana; es un espejo distorsionado. Y cuanto más te miras, más crees que tienes razón.

Medios tradicionales: viejos lobos con piel de cordero

Durante años creímos que los medios tradicionales eran garantía de objetividad. Hoy sabemos que muchos funcionan como agencias de propaganda. Lo más grave es el caso de los medios públicos, financiados con el dinero de todos y puestos al servicio del gobierno de turno. En lugar de ser espacios de información plural, se han convertido en altavoces de una narrativa oficial donde el debate está vetado y las voces críticas, censuradas.

La famosa «televisión de todos» es hoy la «televisión de unos pocos». Se presenta una falsa pluralidad, se invita a tertulianos afines que repiten los mismos mantras y se manipulan los datos sin rubor. El «termómetro de España» se ha convertido en un horno ideológico que cocina encuestas a fuego lento según el menú político del día.

La objetividad como decorado

La palabra «objetivo» se ha vuelto una estrategia de marketing. Muchos programas se venden como espacios «neutrales», pero están plagados de sesgos disfrazados de análisis. Periodistas estrella opinan como si fueran jueces. Tertulianos con militancia política se presentan como independientes. Y los datos, en lugar de aclarar, se seleccionan para reforzar una narrativa concreta. Es como ver un teatro donde todos ya conocen el guion: uno donde siempre gana el partido del presentador.

Esto no significa que todo en los medios públicos sea manipulación. Pero cuando quien gobierna controla la línea editorial, la objetividad deja de ser una garantía y se convierte en un decorado.

Cámaras de eco: bienvenidos al club de los que ya piensan como tú

Lo que se percibe como debate es, en realidad, un concurso de reafirmación.

En las redes sociales no discutimos para aprender; discutimos para ganar. Y si alguien no piensa como tú, se le cancela, se le bloquea o se le ridiculiza. Se crean tribus digitales en las que todos repiten lo mismo, se dan la razón entre ellos y terminan creyendo que tienen la verdad absoluta. Son las cámaras de eco, y en ellas la ideología no se debate: se aplaude.

Esta lógica tribal ha convertido la política en una especie de fútbol ideológico. Ya no hay ciudadanos; hay hinchas. Se defiende a tu partido como si fuera tu equipo, aunque robe, mienta o traicione. Da igual lo que hagan: siempre les justificas, y siempre atacas al otro bando. Lo preocupante es que esta dinámica ya no se limita a las redes: se ha colado en las casas, en los bares y en las familias.

El negocio de la polarización

Las plataformas descubrieron algo peligroso: la calma no da dinero; la ira, sí.

Los medios y las plataformas digitales han descubierto que polarizar es rentable. Cuanto más enfadado estás, más tiempo pasas conectado. Cuanto más extremo es el discurso, más viral se vuelve. Y si hay que exagerar o inventar, se hace. Da igual si es cierto: lo importante es que impacte. La mentira se ha convertido en contenido *premium*.

Los programas políticos se han convertido en *reality shows*. Lo importante no es informar, sino montar espectáculo. Un político que grita vale más que uno que argumenta. Un *zapping* de zascas vende más que un análisis riguroso. En este juego gana quien más divide, no quien más razona.

Consecuencias: una sociedad desinformada, pero muy segura de sí misma

Vivimos rodeados de información y, sin embargo, cada vez entendemos menos. Nos creemos informados porque hemos visto diez titulares en redes o tres memes con frases agresivas.

Pero no investigamos, no leemos, no contrastamos. Tenemos opiniones fuertes, pero argumentos débiles. Y eso es justo lo que necesitan los poderosos: ciudadanos enfadados, divididos y manipulables.

Una sociedad fanatizada es una sociedad más fácil de dominar. El objetivo no es que pienses, sino que reacciones. Que votes lo que toca, que odies a quien toca y que te creas libre mientras repites lo que otros han decidido por ti. Es una dictadura blanda: no hace falta censura si tú mismo te encargas de repetir el discurso oficial.

Algún filósofo lo llamaría *soft totalitarianism*: no hace falta censurar si el ciudadano se convierte en eco voluntario del discurso dominante.

¿Qué podemos hacer?

El primer paso es dejar de consumir sin pensar. Volver a contrastar, a investigar, a buscar medios realmente independientes. Exigir que las televisiones públicas no sean herramientas del gobierno, sino verdaderos espacios de pluralidad. Aprender a leer entre líneas, a desconfiar de los datos que confirman lo que ya pensamos y a escuchar sin insultar a quien opina diferente.

Y, sobre todo, recuperar la curiosidad. Preguntar más y juzgar menos. Desconfiar de quien dice tener todas las respuestas. Recordar que la verdad no grita, no insulta, no polariza. La verdad suele ser incómoda, compleja y, muchas veces, está justo en el punto medio que nadie quiere mirar.

Como decía George Orwell en *Rebelión en la granja* y *1984*, el periodismo solo sirve si incomoda al poder. Todo lo demás es propaganda.

Y es que Orwell no escribió esas obras para hablar del pasado, sino para advertirnos del futuro: un mundo donde la información no se busca, sino que se sirve ya masticada; donde la verdad se convierte en un producto que se ajusta a los intereses del que tiene el altavoz más grande; donde la gente deja de pensar porque otros ya piensan por ella.

Hoy no vivimos exactamente en el mundo de Orwell, pero nos acercamos peligrosamente a sus lógicas: la simplificación extrema, la manipulación emocional, la vigilancia social disfrazada de entretenimiento, la necesidad de tener enemigos imaginarios para mantener la unidad del «rebaño».

Orwell entendió algo esencial: un ciudadano desinformado es fácil de controlar, pero uno desinteresado es imposible de liberar. No solo nos manipulan; también hemos aprendido a dejarnos manipular.

Por eso, recuperar la libertad no consiste en «tener razón», sino en pensar por cuenta propia, aunque a veces duela, aunque nos deje sin tribu, sin consigna y sin certezas rápidas. Consiste en aceptar que nadie —ni un partido, ni un líder, ni un medio— merece que le entreguemos nuestra mente.

Tal vez no podamos cambiar el mundo entero, pero sí nuestra forma de mirarlo. Y ese es el acto de rebeldía más poderoso que existe: no aceptar versiones únicas, no repetir consignas, no convertirnos en el eco de otros.

Porque, como también señalaba Orwell, la libertad es poder decir lo que no se quiere escuchar. Y en tiempos en los que opinar distinto te convierte en enemigo, pensar libremente se ha vuelto un acto revolucionario.

Capítulo 8.
Educación e ideología: la fábrica de creyentes

Una educación rehén del poder político

La educación en España se ha convertido en un tablero de ajedrez donde cada partido mueve sus piezas ideológicas según le conviene. Con cada cambio de gobierno llega una nueva ley educativa, y cada una parece escrita no pensando en los alumnos, sino en dejar su huella ideológica. Hemos tenido más de siete leyes educativas en cuarenta años —LOGSE, LOCE, LOE, LOMCE, LOMLOE…—. Ninguna ha sido diseñada desde un consenso duradero ni con una mirada a largo plazo.

Esto tiene consecuencias reales: alumnos confundidos, profesores desmotivados y padres desorientados. Cada nueva ley cambia temarios, metodologías y sistemas de evaluación. No hay estabilidad. No hay proyecto de país. Solo hay urgencia política, partidismo y el ego desmedido de quien quiere reescribir el sistema para dejar su firma.

La batalla por los libros y el lenguaje

Lo que más preocupa no es solo el cambio en el marco legal, sino la colonización progresiva del contenido educativo. Muchos libros de texto se han convertido en armas culturales en las que se reescriben hechos históricos, se suavizan errores o se exageran virtudes. Y todo, claro, desde el prisma ideológico del que manda.

Además, se impone un nuevo lenguaje. Ya no se dice lo que se piensa, sino lo que es políticamente correcto. Se imponen eufemismos y se penaliza la opinión crítica. Se prefiere el adoctrinamiento suave al debate duro. Muchos docentes sienten que caminan sobre un campo minado: cualquier desliz puede interpretarse como una herejía ideológica.

Universidades públicas: de templo del saber a catedral del dogma

Las universidades, en teoría, deberían ser espacios de libertad intelectual, pluralismo y pensamiento crítico. Pero la realidad es muy diferente. En muchas facultades —especialmente en Humanidades y Ciencias Sociales— la pluralidad ha sido sustituida por una hegemonía ideológica que deja poco margen al disenso. Los profesores que no comulgan con ciertas ideas prefieren guardar silencio. Los estudiantes que piensan diferente a menudo se autocensuran para evitar conflictos. En los pasillos no se escucha tanto el pensamiento como el eco de la corrección política. El disenso no se castiga legalmente, pero sí socialmente: con aislamiento, desprecio o ridiculización. Aunque, para ser justos, todavía quedan espacios y docentes que luchan por mantener viva la libertad académica.

El negocio de vivir de la política

El sistema educativo debería preparar a los jóvenes para pensar por sí mismos, entender el mundo y participar en la vida pública con criterio. Pero, hoy en día, en muchos casos, lo que hace es lo contrario: se les entrena para repetir dogmas, asumir identidades políticas prefabricadas y ver al adversario como enemigo. En vez de enseñar a los jóvenes a pensar, se les enseña a posicionarse. A tomar partido. A sentirse parte de una causa. Y, muchas veces, esa causa es la que beneficia al partido que domina la narrativa institucional. Así se fabrica una generación dócil, leal y manipulable.

La política se convierte entonces en una carrera profesional más. Muchos jóvenes ya no quieren cambiar el mundo, sino a vivir del mundo político: ir de asamblea en asamblea, de despacho en despacho, hasta llegar al cargo. Con discursos vacíos, pero muy ideologizados; con ideas pobres, pero con una identidad de grupo fuerte; con una fe ciega en el partido como si fuera una religión.

¿Una juventud más crítica?

Sin embargo, no todo está perdido. Muchos jóvenes están despertando. Están hartos de ver cómo la política contamina sus estudios y cómo se instrumentaliza su futuro. Han crecido en medio de crispación, broncas familiares por ideologías, redes sociales polarizadas y corrupción constante.

Y están empezando a cuestionarlo todo: a los partidos, a los líderes, a los medios, a las instituciones. No quieren que les digan qué pensar; quieren pensar por sí mismos. Están cansados de la mentira disfrazada de ideología, del activismo de sofá y del discurso simplista de «nosotros los buenos, ellos los malos».

Hay una nueva generación que no quiere banderas, sino soluciones. No quiere trincheras, sino puentes. No quiere ideologías, sino ideas. Y ahí, en esa grieta, puede surgir algo nuevo.

La urgencia de un pacto nacional por la educación

Si queremos una educación que no fabrique creyentes, sino ciudadanos libres, necesitamos un pacto nacional que no dependa de los partidos. Un acuerdo que garantice estabilidad del sistema educativo durante décadas, con una base común centrada en el pensamiento crítico, la excelencia, el respeto a la verdad y el pluralismo real.

La educación no puede ser una herramienta del poder para perpetuarse. Debe ser una herramienta del pueblo para liberarse.

Debe enseñar a los jóvenes a pensar, no a obedecer. A hacerse preguntas, no a memorizar respuestas. A debatir sin miedo, no a recitar consignas.

Solo así construiremos una sociedad madura, capaz de afrontar los desafíos sin sectarismos ni banderas, sino con criterio propio.

«La educación es el arma más poderosa que puedes usar para cambiar el mundo» (Nelson Mandela).

Pero esa misma arma, mal utilizada, puede convertirse también en el instrumento más eficaz para someterlo.

Capítulo 9.
La economía con camiseta

La economía como espejo ideológico

Durante décadas se nos repitió que la economía era una ciencia exacta. Que los números no opinan y que las cifras no mienten. Pero los números no viven solos: alguien los elige, los interpreta y los pone en una frase. Y en ese gesto, aparentemente neutro, empieza la ideología. Cada presupuesto, cada impuesto, cada subvención lleva dentro una idea de país, de justicia y de poder. Cuando esas ideas se disfrazan de datos, la discusión se convierte en fe.

En España esta distorsión se ha acelerado en los últimos años. La economía dejó de ser una conversación técnica para convertirse en una herramienta de combate político. El Gobierno presenta como «recuperación histórica» lo que en muchos casos son simples rebotes estadísticos. La oposición habla de «ruina absoluta» aunque muchos indicadores no lo respalden.

El ciudadano vive atrapado entre dos espejos deformados y ya no sabe si la economía mejora, empeora o simplemente cambia de narrador. El resultado es un país donde no discutimos cifras, sino relatos; donde no evaluamos resultados, sino lealtades. Y cuando la economía se convierte en un relato partidista, la realidad acaba siendo la primera víctima.

Hoy la economía ya no se discute: se milita. Los gráficos se leen como banderas y las estadísticas se usan como insultos. En lugar de preguntarnos si una política funciona, preguntamos de qué color es quien la propone. El resultado es una conversación pública saturada de emociones y vacía de análisis.

Lo vemos en toda Europa: los mismos datos sobre inflación, déficit o empleo producen relatos completamente opuestos según quién los interprete. En Francia, Alemania o Italia, un mismo indicador sirve para declarar éxito, fracaso o resistencia heroica. No cambian los números; cambia la historia que se construye alrededor.

Del dato al dogma

La manipulación económica rara vez consiste en inventar cifras. Suele consistir en elegir las que convienen. Se anuncia un récord de empleo sin mencionar que buena parte corresponde a contratos estacionales. Se presume de crecimiento mientras se oculta que procede del gasto público financiado con deuda. Se celebra una caída del paro sin explicar que miles de personas han pasado a cursos de formación que las sacan temporalmente de la estadística.

Este tipo de ingeniería narrativa es sutil, pero muy eficaz. No altera los datos: altera la percepción. Y cuando la percepción se vuelve más importante que la realidad, la economía deja de ser un mapa para convertirse en un decorado.

El dato debería ser una herramienta para entender el mundo. Sin embargo, se ha convertido en un argumento para sostener creencias previas. Cuando la cifra encaja con nuestro relato, la celebramos; cuando lo contradice, sospechamos que está manipulada. Así, la economía se transforma en religión y el debate en liturgia.

En cualquier país moderno, la información económica es una mina de poder simbólico. Quien controla la interpretación de los números controla la percepción de la realidad. Se pueden presentar los mismos datos sobre empleo, deuda o crecimiento y obtener tres titulares distintos: uno verá progreso, otro catástrofe y otro heroicidad. El número es el mismo; lo que cambia es la historia que se cuenta alrededor.

La economía sentimental

La economía española no solo se interpreta: se siente. Si cuestionas una ayuda pública, enseguida te etiquetan como insensible. Si hablas de bajar impuestos, te acusan de querer destruir el Estado. Si señalas el problema del gasto ineficiente, eres neoliberal; si pides proteger el tejido productivo, eres conservador. Así, la economía se vuelve un campo de batalla simbólico. Cada propuesta económica ya no se analiza por sus efectos, sino por la identidad que se le atribuye. Esta economía identitaria crea ciudadanos obedientes a un relato, no a una evaluación racional. Y un país que deja de pensar pierde su capacidad de prosperar.

El discurso económico se ha cargado de moral. Ya no se discute cuánto producimos o cuánto gastamos, sino quién es bueno o malo, justo o egoísta. El empresario se convierte en sospechoso, el funcionario en héroe, el contribuyente en culpable y el receptor de ayudas en símbolo de virtud. Entre esos extremos desaparece el ciudadano corriente, que solo intenta vivir de su trabajo.

La narrativa emocional divide el mundo en bandos: «los de arriba» y «los de abajo», «los que explotan» y «los explotados». Esa simplificación sirve para movilizar, pero empobrece la comprensión del problema. Porque la economía real no es una lucha de clases, sino un tejido de dependencias mutuas. Cada empleo, cada servicio público y cada impuesto conecta a millones de personas. Cuando reducimos todo a buenos contra malos, destruimos la posibilidad de cooperar.

El resultado es un clima social donde la envidia sustituye al mérito y la desconfianza se instala como norma. Si alguien prospera, se le acusa de traicionar al grupo. Si alguien fracasa, se le promete un rescate eterno a costa de los demás. Así, poco a poco, la cultura del esfuerzo cede terreno ante la cultura del agravio.

Subvenciones y fiscalidad: política o pedagogía

En España la subvención se ha convertido en un instrumento emocional más que económico. Hay ayudas que alivian, sí, pero también otras que sirven para construir una ilusión de seguridad a corto plazo a costa de hipotecar el futuro. Las subvenciones no siempre crean autonomía; a menudo crean fidelidad política.

Mientras tanto, sectores productivos enteros —autónomos, pymes, agricultores— sienten que el Estado está más interesado en gestionar su dependencia que en impulsar su capacidad. Y cuando un país alimenta más la adhesión que la productividad, termina acostumbrándose a vivir sin crecer.

El dinero público debería ser una herramienta educativa en el sentido más amplio: servir de ejemplo de responsabilidad, eficiencia y equidad. Sin embargo, se usa con frecuencia como recompensa simbólica o castigo moral. Se conceden ayudas no siempre para resolver problemas, sino para consolidar adhesiones o tranquilizar conciencias.

La subvención puede ser un impulso legítimo cuando genera valor y autonomía, pero se convierte en una trampa cuando solo mantiene dependencias. Lo mismo ocurre con los impuestos: deberían financiar lo común, no convertirse en instrumentos de venganza o de virtud. Cuando la política fiscal se diseña para «dar una lección» en lugar de equilibrar cuentas, la economía se convierte en teatro moral.

El ciudadano termina confundido. Se le dice que pagar más siempre es ser solidario y que pedir eficiencia es ser insensible. Que criticar el despilfarro es estar contra los pobres. El debate ya no gira en torno a resultados, sino a etiquetas. Y mientras discutimos significados, la productividad se estanca y la deuda crece.

La deuda y el autoengaño colectivo

Durante años se ha sostenido que «España va bien» mientras los precios subían más que los salarios. Es la forma más invisible de empobrecimiento: una inflación que no se reconoce del todo, un coste de la vida que no se refleja en los discursos oficiales y la sensación de que cada vez se llega peor a fin de mes.

Cuando la deuda se dispara, la inflación se convierte en un impuesto encubierto que paga toda la sociedad, especialmente quienes menos tienen. El autoengaño no es neutral: siempre lo paga alguien, y casi nunca es el político que lo promueve.

La deuda pública se ha convertido en el murmullo de fondo de la vida económica. Todos saben que está ahí, pero pocos quieren oírla. Se gasta sin límite porque parece que el dinero es infinito, porque los efectos llegarán «más adelante». Y ese «más adelante» suele significar otra generación.

El endeudamiento sin control no es solo un problema financiero; es un pacto de silencio entre gobernantes que no quieren perder votos y ciudadanos que no quieren oír malas noticias. La factura se guarda debajo de la alfombra mientras se reparten cheques de felicidad a crédito.

El autoengaño es cómodo, pero caro. Cada euro que el Estado gasta sin respaldo se paga con otro euro que alguien aún no ha ganado. La economía no castiga: solo cobra a su tiempo. Y lo hace sin ideología, a todos por igual.

El relato económico y la ilusión de progreso

En los últimos años, la comunicación económica se ha convertido en una estrategia política central. Las ruedas de prensa ya no se dedican a explicar medidas, sino a construir emociones: «resiliencia», «protección», «escudo social». Palabras poderosas que funcionan como relato, pero que no siempre reflejan la eficacia real de las políticas.

El ciudadano recibe un mensaje optimista mientras nota que su alquiler sube, su cesta de la compra se encarece y sus impuestos aumentan. Esa desconexión entre discurso y realidad produce una sensación de engaño difuso, una desconfianza que erosiona la convivencia democrática más que cualquier cifra. El poder contemporáneo no se ejerce solo con leyes o impuestos, sino también con relatos.

Un gobierno que domina el lenguaje domina la percepción del bienestar. Basta con cambiar el modo de contar para cambiar lo que la gente cree que vive. Si los precios suben, pero la comunicación oficial dice que «los salarios resisten», la mente prefiere la buena noticia. El relato es el nuevo presupuesto.

El peligro de esta ilusión es que sustituye la evaluación por la emoción. Las cifras se maquillan, las comparaciones se eligen y los fracasos se venden como «transiciones». Se fabrica una sensación de avance que no se traduce en mejoras reales. El crecimiento se convierte en un decorado y la política económica, en una narrativa de consuelo.

Mientras tanto, las desigualdades permanecen, la precariedad se normaliza y la confianza se erosiona. Cuando la realidad vuelve a imponerse, el desencanto es mayor, porque se siente también la humillación de haber creído.

Educación cívica y pensamiento económico

El antídoto contra la manipulación no es la desconfianza, sino la comprensión. Una sociedad educada en economía básica y pensamiento crítico es menos vulnerable al discurso emocional. Sin embargo, el sistema educativo rara vez enseña cómo funcionan los presupuestos, qué implican los impuestos o cómo se calcula la deuda. Aprendemos a repetir consignas, no a entender procesos. Educar en ciudadanía económica significa enseñar a distinguir entre una ayuda y un subsidio eterno, entre una inversión y un gasto, entre un derecho y una promesa vacía. Significa formar ciudadanos capaces de exigir resultados sin caer ni en el cinismo ni en la sumisión.

El conocimiento no garantiza la justicia, pero sin conocimiento toda justicia es propaganda. Una democracia madura necesita personas que sepan leer una gráfica sin necesidad de un comentarista, que puedan escuchar una medida económica sin preguntar primero quién la propone. Solo así se puede discutir sin miedo y decidir sin manipulación.

Recuperar la economía como lenguaje común

Tal vez haya llegado el momento de reconciliar la economía con la verdad cotidiana. De recordar que detrás de cada cifra hay vidas y detrás de cada presupuesto hay prioridades morales. Si los números han perdido su neutralidad no es porque sean falsos, sino porque los hemos convertido en banderas.

Desideologizar la economía no significa volverla fría, sino devolverle su función: servir al bien común, no a la emoción del momento. El futuro de una sociedad libre dependerá menos de quién prometa más y más de quién se atreva a entender mejor. Cuando cada ciudadano asuma esa tarea, la economía dejará de ser un instrumento de división y volverá a ser lo que debería haber sido siempre: una herramienta de libertad compartida. Quizá el reto no sea que la economía vuelva a ser neutral —nunca lo fue—, sino que vuelva a ser honesta. Que dejemos de usarla como arma para humillar al adversario y volvamos a verla como un lenguaje para resolver problemas.

España necesita ciudadanos que entiendan que cada decisión económica tiene un coste, una renuncia y un propósito. Que sepan distinguir entre protección y dependencia, entre inversión y propaganda.

La economía no debería enseñarnos a obedecer, sino a responsabilizarnos. Un país que madura económicamente madura también políticamente. Y solo cuando recuperemos esa madurez podremos dejar atrás la economía con camiseta y volver a hablar de lo que realmente importa: cómo vivir mejor juntos.

Capítulo 10.
Cómo manipular a un país sin que se dé cuenta: las diez leyes de la manipulación ideológica

La manipulación de masas ya no es una teoría conspiranoica. Es una estrategia, una rutina, un mecanismo de poder pulido durante décadas. Y lo más perverso es que funciona. No mediante torturas ni censura, sino a través de la televisión, los titulares, los *hashtags* y las promesas vacías.

Como advertía Noam Chomsky —más parafraseándolo que citándolo—, el mayor enemigo del pensamiento crítico no es el silencio, sino el ruido constante que lo ocupa todo.

El silencio no es ausencia, es filtro. Cuando callas, descubres qué pensamientos te pertenecen de verdad y cuáles venían prestados. El silencio es el único lugar donde la propaganda no puede gritar. No se trata de huir del ruido, sino de crear un espacio interior en el que puedas escucharte sin interferencias. Ese espacio no te aleja del mundo: te devuelve a él con más claridad.

1. La distracción: mira allá, que aquí te la clavo

La estrategia más antigua del poder. Pan y circo. Fútbol, *reality shows*, peleas políticas falsas, tertulias encendidas... y, mientras tanto, reformas fiscales por la puerta de atrás, recortes discretos de derechos, pactos bajo cuerda o cambios legales que nadie vio venir.

Si el pueblo está entretenido, no molesta. Y si además está dividido, mejor aún.

2. Crear problemas para ofrecer soluciones

Primero se genera una crisis o se exagera una situación: «la derecha quiere destruir la sanidad pública», «la izquierda va a expropiar tu casa», «la inmigración es incontrolable», «el cambio climático...». Después aparece el político como salvador, con la solución «milagrosa» que, curiosamente, ya tenía pensada desde el inicio.

3. La gradualidad: hervirnos como ranas

Si te dicen que van a recortar tus derechos de golpe, te rebelas. Pero si te lo hacen poco a poco, ni lo notas.
Es el viejo truco de la rana: si la metes en agua hirviendo, salta; si calientas el agua poco a poco, se queda.
Bienvenido al hervidero político.

4. Infantilizar al público

Hablarle al pueblo como si fuera un niño pequeño. Ese tono paternalista, lleno de eufemismos y metáforas absurdas: «Hemos hecho un esfuerzo por todos vosotros», «no os preocupéis, papá Estado os cuida».
Cuanto más te tratan como a un crío, menos preguntas haces.

5. Apelar a la emoción, no a la razón

Una imagen de una abuela desahuciada, un niño llorando, un mensaje emotivo. El corazón anula al pensamiento. Y cuando no piensas, votas lo que te dicen, gritas lo que te piden y señalas a quien te mandan.
No importa la verdad; importa cómo te hace sentir.

6. Mantener al público en la ignorancia

¿Sabes qué es el IPC real? ¿Qué pasa con la deuda pública? ¿Qué implicaciones tiene una ley orgánica? Exacto: no se enseña, no se explica.
Una población que no entiende las reglas del juego es más fácil de engañar.

7. Fomentar la mediocridad

Se aplaude al mediocre y se ridiculiza al brillante. Se premia al sumiso y se castiga al libre pensador.
La televisión pública se llena de tertulianos gritones, *influencers* sin criterio y pseudointelectuales. La excelencia incomoda; la ignorancia entretiene. Y un público entretenido es un público manejable.

8. Reforzar la autoculpabilidad

Todo lo malo es culpa tuya. Si no llegas a fin de mes, es que no te has esforzado lo suficiente. Si tu hijo no entiende nada en el colegio, también es culpa tuya. Así no se cuestiona el sistema, te cuestionas a ti mismo.
Cuando la culpa se vuelve individual, el sistema no se cuestiona. Te cuestionas tú.

9. Conocer mejor al pueblo que él mismo

Gracias al *big data*, la inteligencia artificial, las redes sociales y los algoritmos, gobiernos y grandes corporaciones saben lo que piensas, deseas y temes antes incluso de que lo sepas tú.
Así se diseña el discurso político perfecto para ti: a medida. A tu medida. No para informarte, sino para dirigirte.

10. Hacer que la resistencia parezca inútil

Y si después de todo esto aún te quedan ganas de protestar, te sueltan la frase mágica: «No sirve de nada».
El último paso de la manipulación es hacerte creer que no puedes hacer nada. Y cuando crees eso... ya han ganado.

Conclusión: la manipulación no se ve, se vive

No necesitas censura para controlar una sociedad. Basta con saturarla de información vacía, polarizarla, infantilizarla y apelar a sus emociones más básicas.
El resultado es una ciudadanía que cree ser libre mientras vive dentro de una jaula con forma de pantalla de móvil.

Capítulo 11.
La trampa emocional del sistema

Después de recorrer cómo la ideología contamina la economía, la política y hasta el lenguaje, se llega a un punto inevitable: entender que todo ese entramado no funciona solo con leyes, discursos o presupuestos. Funciona porque opera sobre algo mucho más íntimo: nuestras emociones. Ahí está el verdadero campo de batalla.

El sistema no solo manipula datos o relatos; manipula estados de ánimo. Convierte la frustración en narrativa, la indignación en identidad, el miedo en obediencia y la esperanza en herramienta electoral. No necesita convencerte de manera racional: le basta con que sientas lo que necesita que sientas.

De la economía a la emoción: el puente invisible

Cuando te dicen que «la economía va bien» mientras tú no llegas a fin de mes, no buscan que lo creas. Buscan que dudes de tu propia percepción, que te sientas pequeño, que pienses que el problema eres tú.

Cuando te presentan a «los ricos» o «los poderosos» como villanos todoterreno, no buscan justicia: buscan canalizar tu frustración hacia un enemigo sencillo.

Y cuando prometen subsidios, ayudas, derechos o privilegios, no buscan resolver problemas estructurales: buscan sembrar gratitud.

Toda ideología necesita lo mismo que cualquier secta: seguidores emocionalmente dependientes.

La maquinaria de la frustración

La frustración es la gasolina más barata y más efectiva del sistema. Si te sientes estancado, decepcionado o inseguro, eres más manipulable. Un ciudadano frustrado no se pregunta por qué las cosas no cambian: busca a quién culpar. Y ahí aparecen las respuestas prefabricadas:

- ▸ «Es culpa del mercado».
- ▸ «Es culpa del patriarcado».
- ▸ «Es culpa de la derecha».
- ▸ «Es culpa de la izquierda».

La ideología convierte la complejidad del mundo en un menú de culpables inmediatos. Es cómoda. Es seductora. Y es falsa.

El secuestro de la identidad

Todo este juego no solo afecta a cómo pensamos, sino a quién creemos que somos. Las ideologías han aprendido a integrarse en nuestra identidad como si fuesen una especie de brújula moral. Ya no opinas sobre política: te defines por ella. Ya no discutes ideas: te defiendes a ti mismo. Por eso los debates no son debates, son guerras culturales. El sistema no busca ciudadanos críticos, busca hinchas.
Portadores de banderas. Consumidores de relatos.
Mientras discutimos entre nosotros, mientras nos odiamos en redes sociales o en cenas familiares, nadie mira hacia arriba. Nadie cuestiona las estructuras que alimentan esa división.

La grieta que se abre

Aquí es donde este libro hace un giro necesario. Hasta ahora hemos hablado del sistema, de sus trucos, de sus disfraces y de sus mecanismos. Pero hay algo más profundo que debemos mirar: lo que hace todo esto dentro de cada uno de nosotros. Porque si el sistema funciona es, en parte, porque encuentra espacio en nuestras inseguridades, en nuestras expectativas rotas y en nuestros sueños no cumplidos. La ideología no se impone solo desde arriba; se cuela por las grietas internas que dejamos abiertas.

Hacia el capítulo 12

Y es aquí donde empezamos a ver el punto clave: el éxito, el fracaso, la frustración, la esperanza y la rabia no son solo fenómenos sociales. Son también, y, sobre todo, vivencias personales. La promesa del éxito, la cultura del mérito mal entendido y la presión de tener que ser alguien forman parte del mismo engranaje emocional que la ideología explota.

Por eso, antes de entrar en la «ideología del éxito», necesitamos entender esto:

El sistema no solo organiza la economía; organiza nuestra autoestima.

No solo controla discursos; controla expectativas.

No solo manipula masas; manipula individuos desde dentro.

Y es ahí donde comienza el capítulo 12: en la intersección entre la frustración personal y la manipulación ideológica. En ese punto exacto donde uno empieza a preguntarse: ¿cuánto de lo que siento es mío... y cuánto me lo han colocado dentro?

Capítulo 12.
La ideología del éxito y la ira secuestrada

Después de analizar cómo el sistema captura emociones, llegamos al territorio más íntimo: el éxito.

El éxito dejó de ser un destino para convertirse en una obligación moral. Ya no basta con vivir: ahora tienes que demostrar que estás viviendo bien. Esa presión silenciosa, repetida durante años, es suficiente para convertir cualquier pequeña frustración en una herida identitaria.

La promesa dorada

Vivimos atrapados en una promesa: si te esfuerzas lo suficiente, lo lograrás. Es una narrativa seductora que nos ha sido vendida como libertad, pero que en realidad funciona como una nueva forma de control. Porque esa promesa rara vez se cumple. Y cuando no se cumple, el resultado no es la reflexión, sino la frustración. Te sientes engañado, y con razón.

La realidad: frustración masiva

La promesa no se cumple para la mayoría. La estructura está diseñada para que no todos lleguen. Esto no solo genera decepción: genera una identidad rota, desorientada y cabreada.

Como decía Tyler Durden: «Nuestra gran depresión es nuestra vida». Una frase que resume una época en la que el fracaso personal se vive como pecado.

La frustración no se queda quieta: siempre busca salida.

La ira secuestrada: el giro lúcido

La manipulación emocional siempre empieza con una herida. Quien está tranquilo no es útil políticamente; quien está frustrado, dolido o humillado es altamente moldeable. La ideología sabe canalizar esas emociones sin ofrecer soluciones reales: transforma la angustia en identidad y la identidad en obediencia. No te promete comprensión, te promete un enemigo. Y esa es la anestesia más peligrosa.

La frustración del individuo no lo libera: lo hace vulnerable. Esa vulnerabilidad emocional se convierte en el combustible perfecto para nuevas formas de manipulación ideológica. Te ofrecen una salida rápida: un enemigo al que culpar. El sistema, los otros, los de arriba, los de abajo, los que piensan distinto. Te regalan una causa, una identidad, y te hacen sentir importante otra vez. Te reclutan para su guerra y tú te apuntas creyendo que estás despertando.

Ahí está el verdadero veneno: primero te quitan la esperanza y después te dan resentimiento.

Sin embargo, hay otra salida, más difícil pero más real. Aceptar que la vida no es justa, que hay gente mejor que tú, que a veces hay mala suerte —sí—, pero que la mayoría de las veces lo que falta no es justicia, sino esfuerzo, constancia o foco. No se trata de resignarse, sino de madurar.

El esfuerzo sigue siendo fundamental. No como garantía de éxito, sino como acto de dignidad personal. No puedes controlar todo, pero puedes controlar tu actitud, tu ética y tu forma de responder a lo que te pasa. Esa es la verdadera libertad: entender lo que depende de ti de lo que no. Y, sobre todo, no entregarle tu rabia a nadie que quiera usarla como arma ideológica.

Ser realista no es ser cínico. Es saber que no todos seremos millonarios o famosos, pero que todos podemos ser útiles, dignos y fuertes. Con autoestima, no con ego. Con conciencia, no con consignas.

La salida no es ideológica, es personal

Autoconocimiento, esfuerzo honesto, aceptación del límite y vigilancia ante quienes prometen redención a cambio de odio.

La verdadera emancipación no nace del cabreo, sino de la conciencia: del pensamiento propio, de la capacidad de sostener la incertidumbre sin necesidad de un culpable prefabricado.

La salida no es ideológica, es personal. No se trata de encontrar un nuevo enemigo, sino en reconciliarse con uno mismo. No es cuestión de cambiar de bandera, sino bajarse del campo de batalla.

Ahí empieza la verdadera libertad: cuando ya no necesitas que nadie te diga contra quién debes estar, porque has aprendido a estar a favor de ti mismo, con honestidad, esfuerzo y claridad.

Capítulo 13.
Arte, cultura y humor: cuando la ideología lo contamina todo

El arte siempre ha sido un espejo de la sociedad. Pero hoy, más que un espejo se ha convertido en un campo de batalla. Cada película, cada canción, cada chiste, cada exposición parece estar bajo sospecha. ¿Es feminista? ¿Es facha? ¿Es progresista? ¿Es ofensiva? ¿A quién representa? ¿A quién no?

La cultura debería ser un espacio para explorar la ambigüedad, para incomodar, para provocar. Pero la ideología ha entrado en los museos, en las galerías, en las universidades y hasta en el humor. Y lo ha hecho con una tijera en la mano, recortando todo aquello que desafía la sensibilidad dominante.

El arte como territorio ideológico

Hoy el arte se valora no por su calidad, sino por su agenda. Si un artista no encaja con el discurso dominante, es excluido, silenciado o cancelado. Si lo que expresa incomoda al colectivo de turno, se le acusa de «fascista», «machista» o «retrógrado», sin entrar a analizar su obra.

Premios, subvenciones y plataformas están copados por quienes repiten el discurso hegemónico. ¿Y quién decide cuál es ese discurso? Quienes controlan el relato cultural: comités, jurados, instituciones y consejos culturales que deciden qué merece verse y qué debe permanecer invisible.

No hablamos de arte libre, sino de arte condicionado.

Este fenómeno no es nuevo: cada poder ha intentado moldear la cultura a su imagen. Lo alarmante es la sutileza con la que se hace hoy.

La muerte del humor libre

Si hay un termómetro perfecto para medir el autoritarismo ideológico, ese es el humor. Y hoy el humor está enfermo. Se autocensura, se encoge, se disculpa antes de hablar.

Los cómicos ya no pueden hacer chistes sobre ciertos temas sin que una turba digital exija su despido. El humor ha dejado de ser transgresor para convertirse en moralista. Ahora no ríe quien entiende la ironía, sino quien se siente validado ideológicamente.

El problema no es que el humor ofenda. El problema es que «ya no se permite ofender a nadie». Y si todo ofende, todo se calla.

La cultura como herramienta de adoctrinamiento

Desde series hasta novelas, desde exposiciones hasta programas infantiles, la cultura se ha vuelto un vehículo ideológico más. Hay cuotas temáticas, revisiones históricas impuestas, relecturas políticamente correctas y censuras solapadas.

En muchos centros educativos, los adolescentes ya no leen para pensar, sino para reafirmar valores previamente filtrados. Se sustituyen los clásicos por obras adaptadas al marco ideológico dominante. Se borra el pasado en vez de entenderlo.

¿Qué queda entonces del arte libre?

Queda lo independiente. Lo incómodo. Lo que se hace sin pedir permiso ni esperar el aplauso del sistema.

Quedan los creadores que asumen el riesgo de no gustar a todos; los que prefieren incomodar que complacer. Los que saben que el arte, como la libertad, es más potente cuando molesta.

La cultura no necesita filtros ideológicos: necesita coraje. El arte no debe educar; debe provocar. Y el humor no debe proteger sensibilidades: debe pincharlas, precisamente porque eso es lo que las hace visibles.

Si no recuperamos el arte como espacio libre, lo convertiremos en un templo ideológico más. Y entonces ya no será cultura: será propaganda.

Y la propaganda no libera. Solo uniforma.

Capítulo 14.
¿Qué es verdad en tiempos de ideología?

Vivimos en una época en la que la palabra «verdad» se ha convertido en un campo de batalla. Lo que antes parecía incuestionable —los hechos, los datos, la ciencia, la historia documentada— hoy es puesto en duda por legiones de opinadores, militantes digitales y medios partidistas. Ya no importa lo que sucedió, sino cómo lo interpretas. No importa lo que dicen los datos, sino cómo los usas para reforzar tu ideología. En plena era de la información, la verdad ha dejado de importar.

Hoy la verdad es líquida, moldeable. Se construye como una narrativa más, se personaliza como una lista de reproducción. ¿Tienes una ideología? No te preocupes: hay una «verdad» diseñada a tu medida, con artículos, vídeos, estudios y hasta memes que la respalden. La ciencia ya no es ciencia: es «ciencia feminista», «ciencia anticolonial» o «ciencia crítica». La historia ya no es historia: es «memoria democrática», «relectura descolonial» o directamente revisionismo al gusto del consumidor.

La muerte de los hechos

El periodista norteamericano Daniel Patrick Moynihan lo dijo hace décadas: «Tienes derecho a tu propia opinión, pero no a tus propios hechos».

Hoy esa frase sería recibida con burla. En redes sociales, cada cual tiene no solo su opinión, sino su propia versión de los hechos, su universo paralelo. La mentira se normaliza y, lo más grave: se institucionaliza. Gobiernos que reescriben el pasado, colectivos que censuran a científicos, grupos de presión que dictan lo que puede y no puede decirse en la universidad. Como si la verdad fuese una ofensa.

Foucault y el poder de definir la verdad

Michel Foucault ya lo advirtió: quien controla el lenguaje controla la verdad. Para él, la verdad no era un valor absoluto, sino una construcción social sujeta a relaciones de poder. En otras palabras, no es verdad, entonces, lo que es verificable, sino lo que una sociedad determinada acepta como tal. Y esa aceptación se construye desde el poder: político, académico, mediático o cultural.

Eso no significa que toda verdad sea relativa. Lo que Foucault nos mostró es que debemos estar atentos a quién nos vende la verdad y con qué intención. Cuando un gobierno decide qué palabras puedes usar (y cuáles no), o cuando una ley impone cómo debes nombrar una realidad biológica, no estamos ante progreso, sino ante ingeniería ideológica.

La ciencia ideologizada

Uno de los terrenos más peligrosos de esta manipulación es la ciencia. Durante siglos, la ciencia se ha basado en el método empírico, el contraste de hipótesis, el rigor y la revisión por pares. Pero en tiempos de ideología, esto molesta. La objetividad es vista como sospechosa, la duda peligrosa, la evidencia opresiva. Hoy vemos cómo en universidades se cancelan conferencias por no seguir la línea ideológica dominante, cómo se cambia el lenguaje científico para evitar «ofensas» o cómo se censura cualquier estudio que contradiga un dogma de moda. Eso no es ciencia: es teología progresista. Quien no se arrodilla queda fuera.

El relato como arma

Las ideologías no buscan la verdad; buscan controlar el relato. Y en eso son expertas. Saben que la historia no la escriben quienes tienen razón, sino quienes ganan la guerra del relato. Por eso invierten millones en propaganda, documentales, campañas institucionales y educativas. Por eso reescriben libros de texto, promueven leyes de «memoria» que prohíben investigar ciertas versiones y fomentan el pensamiento único desde la infancia.

Esto no es nuevo. Ya lo hacían los regímenes totalitarios del siglo XX. Lo nuevo es que ahora se hace en nombre de la libertad, la diversidad y los derechos humanos. Y eso lo hace aún más peligroso.

¿Y entonces qué es la verdad?

La verdad no es lo que te gusta. No es lo que emociona. No es lo que encaja con tu ideología. La verdad es incómoda, testaruda e independiente de nuestras creencias. Y en tiempos de manipulación ideológica, defender la verdad es un acto revolucionario.

Como escribió George Orwell: «En tiempos de engaño universal, decir la verdad se convierte en un acto revolucionario».

Por eso hoy necesitamos más que nunca pensamiento crítico, educación no ideologizada y valentía intelectual. Hay que volver a valorar la duda honesta, el debate real y el método científico. Hay que enseñar a los jóvenes que el mundo no es una guerra de relatos, sino una búsqueda compartida de verdades. Y que no todo vale.

Porque sin verdad no hay libertad. Solo obediencia disfrazada de opinión libre.

Capítulo 15.
Libres de ideología: pensar por uno mismo en la era de las etiquetas

¿Cuándo fue la última vez que pensaste algo que no encajaba con tu ideología? ¿Cuándo fue la última vez que defendiste una opinión sabiendo que tu grupo, tus amigos, tu partido o tu entorno no la compartirían? ¿Te atreverías a hacerlo?

Este libro nació con una provocación: las ideologías son el cáncer del siglo XXI. No porque la gente no deba tener ideas, sino porque hemos confundido las ideas con uniformes mentales. Ya no se trata de pensar, sino de pertenecer. De seguir el guion. De repetir el eslogan. Y quien se sale es traidor, vendido, facha, progre, cuñado, tibio… o lo que toque.

Estamos en la era de las etiquetas, donde definirse es más importante que pensar. Donde «ser de izquierdas» o «ser de derechas» pesa más que tener razón. Donde los debates ya no buscan acercarse a la verdad, sino destruir al adversario, como si el otro fuese un enemigo y no simplemente alguien que ha vivido, leído y entendido el mundo de forma distinta.

¿Y si pensáramos por nosotros mismos?

Pensar por uno mismo se ha convertido en una rareza. No es que no tengamos acceso a la información —tenemos más que nunca—; el problema es que no sabemos qué hacer con ella. Y lo más cómodo es que alguien nos diga cómo interpretarla. Un partido, un periodista, un tuitero con miles de seguidores, un profesor activista… alguien que piense por mí, que me dé certezas, que me diga quiénes son los buenos y quiénes los malos. Pero el precio de esa comodidad es altísimo: la renuncia a nuestra libertad interior. No hay libertad posible sin responsabilidad. La libertad interior no significa «hacer lo que quiero», sino «saber por qué quiero lo que quiero». Pasamos la vida creyendo que somos libres porque elegimos, pero rara vez interrogamos los deseos que nos mueven. Una mente libre no es la que piensa diferente, sino la que sabe de dónde vienen sus pensamientos. Como escribió Simone Weil: «La libertad no se obtiene gritando libertad, sino pensando por uno mismo».

Pensar por uno mismo no es gritar «soy libre», ni votar cada cuatro años, ni compartir frases rebeldes en redes. Es atreverse a dudar. Es tener el coraje de decir: «En esto estoy de acuerdo con la izquierda; en esto, con la derecha; y en esto, con ninguno». Es dejar de vivir en trincheras mentales.

El enemigo invisible: el rebaño

Friedrich Nietzsche lo vio claro: el problema no es solo el poder, sino el rebaño que lo sigue sin hacerse preguntas. Ese hombre-masa del que habló José Ortega y Gasset. Ese ciudadano que repite lo que oye, defiende lo que toca, se indigna con lo que le mandan… y cree que está siendo libre mientras es una pieza más del engranaje ideológico.

Lo grave no es que haya partidos políticos, medios o grupos ideológicos que intenten manipular. Lo verdaderamente alarmante es que la mayoría de la gente ya no quiere ser libre. Quiere tener razón. Quiere pertenecer. Quiere sentirse arropada por los suyos, incluso a costa de la verdad.

La epistocracia interior

No se trata de sustituir la democracia por una élite ilustrada. Se trata de elevar nuestro nivel como ciudadanos. De exigirnos más. De formarnos. De no votar como quien elige su equipo de fútbol, sino como quien elige su destino. De dejar de defender a los nuestros como *hooligans* y empezar a preguntarnos por qué hacen lo que hacen.

El mayor acto de libertad no es votar: es pensar con libertad.

Ser libres de ideología

No se trata de ser apolíticos ni indiferentes. Se trata de ser incómodos. De ser inasibles. De no encajar del todo en ningún sitio. De construir una mirada propia, hecha de lecturas, experiencias, dudas y contradicciones. De no tener miedo a cambiar de opinión.

Como decía Noam Chomsky: «Si asumes que no hay esperanza, entonces garantizas que no habrá esperanza. Si asumes que hay un instinto por la libertad, entonces hay una oportunidad de cambiar las cosas».

Ser libres de ideología no significa vivir sin ideas. Significa no permitir que ninguna idea nos secuestre el pensamiento. No ser soldados de causas ajenas. No convertirnos en peones de un tablero que no hemos elegido.

Significa, en última instancia, recuperar nuestra dignidad como individuos pensantes.

Capítulo 16.
Cómo combatir las ideologías desde uno mismo

(O cómo no ser un borrego en la era del ruido)

No se trata de convertirse en un filósofo ni de ir por la vida dudando de todo hasta la parálisis. Se trata de recuperar algo que parece cada vez más raro: pensar por uno mismo. En un mundo donde partidos, *influencers* y hasta los algoritmos te dicen qué creer, la libertad empieza en la cabeza.

Este capítulo no va de consejos abstractos. Va de prácticas reales, ejercicios concretos y herramientas útiles para cultivar el músculo más olvidado del siglo XXI: el pensamiento crítico.

Entrenar la duda: el primer paso para pensar libre

La ideología es cómoda. Te da un paquete completo de respuestas, te dice a quién culpar, cómo votar, de qué indignarte y hasta con quién enfadarte en una comida familiar. Pero lo cómodo es enemigo de lo libre.

Cuestionar no es negarlo todo; es atreverte a pensar antes de tragar.

Como advertía Voltaire: «Cuanto menos piensa la gente, más se habla de libertad».

Ejercicio práctico:

Hazte preguntas incómodas. Cada vez que estés muy seguro de algo —una idea, una postura, una noticia—, pregúntate:

- ▸ ¿Y si estoy equivocado?
- ▸ ¿Qué pensaría alguien que no esté de acuerdo conmigo?
- ▸ ¿Qué datos me faltan?

Comparar para entender: una misma noticia, varias realidades

Un truco muy sencillo y muy poderoso: cuando leas una noticia, búscala en tres medios distintos, mejor si son de líneas editoriales opuestas. Verás cómo cambia la forma de titular, el lenguaje, los datos que se destacan —o se esconden— y la forma de narrar los hechos.

Como señalaba Noam Chomsky: «La objetividad no existe; lo que existe es el esfuerzo por aproximarse a la verdad desde diferentes ángulos».

Ejercicio práctico:

Escoge una noticia política importante —por ejemplo, una ley aprobada, una manifestación, un escándalo—. Léela en un medio conservador, uno progresista y uno internacional. Luego intenta explicar los hechos como si fueras un observador neutral. Te sorprenderá ver cómo una misma realidad puede parecer tres historias diferentes. Ahí es donde te das cuenta de que la verdad no grita. La verdad se busca.

Detectar discursos ideológicos: señales de alerta

Muchos discursos ideológicos comparten patrones reconocibles. Aprender a detectarlos es como ver el código detrás de *Matrix*. Algunas señales comunes:

- Lenguaje binario: buenos vs. malos, pueblo vs. élite, fascistas vs. comunistas, víctimas vs. enemigos. Todo demasiado simple.
- Uso de emociones extremas: miedo, odio, indignación constante. La ideología no razona, te empuja a reaccionar.
- Repetición de eslóganes vacíos: «Todo el poder para el pueblo», «España nos roba», «Justicia social», «Libertad o comunismo». ¿Qué significan realmente?
- Héroes y villanos caricaturescos: como si el mundo fuera una película de Marvel y no una sociedad compleja.

Ejercicio práctico:

La próxima vez que escuches un discurso político, un debate en redes o incluso un vídeo viral, anota las palabras que se repiten y pregúntate:

- ¿Qué emociones despiertan?
- ¿Qué simplifican?
- ¿Qué datos reales aportan?

Prácticas para la humildad intelectual

Uno de los grandes antídotos contra la ideología es la humildad intelectual: aceptar que no lo sabes todo, que puedes cambiar de opinión y que quien piensa distinto no es tu enemigo, sino tu oportunidad de aprender algo nuevo.

Como decía Mark Twain: «Es más fácil engañar a alguien que convencerle de que ha sido engañado».

Ejercicios prácticos:

- Debate con alguien que no piense como tú sin intentar ganarle; solo intenta entenderle.
- Lee libros contrarios a tu postura habitual, no para convertirte, sino para ampliar tu visión.
- Haz pausas de opinión: durante un día entero evita decir frases del tipo «esto es así» o «yo opino que...». Escucha más y habla menos. Luego reflexiona qué te ha costado más: callarte o pensar.

Cuida tu dieta mental

Así como lo que comes afecta a tu cuerpo, lo que consumes afecta a tu mente. Si te alimentas solo de titulares, memes, tertulias agresivas y TikToks de política basura, tu cerebro se vuelve un campo de batalla ideológico.
Cambia tu dieta:

- Sigue a gente que no piensa como tú.
- Escucha *podcasts* serios, no solo virales.
- Lee libros, no solo hilos de Twitter o frases en Instagram.

Como señala Jason Brennan: «El problema no es que la gente no piense, sino que cree que ya lo ha hecho».

La autodefensa intelectual no se enseña en el colegio (pero deberíamos)

Este tipo de herramientas no te las enseñan en la escuela ni en la universidad. Por eso hay tantas personas tituladas que piensan como si les dictaran desde un megáfono. La verdadera educación debería enseñarte a desconfiar de tus certezas, a no ser esclavos de tus emociones y a resistir los gritos de la masa. Tener criterio no significa tener siempre razón. Es no regalar tu mente.

No seas parte del rebaño: sé incómodo, sé libre

Pensar por uno mismo puede incomodar. Puede hacerte sentir solo a veces. Puede hacerte chocar con tu entorno. Pero es el precio de la libertad. Y, créeme, vale la pena.

Porque si tú no piensas por ti, alguien lo hará por ti. Y ese alguien probablemente tenga una ideología, un partido o una cuenta bancaria esperando beneficiarse.

Capítulo 17.
Pensar es un acto revolucionario

Quizá, al terminar este libro, no pienses exactamente igual que cuando lo empezaste. O quizá sí, pero con más dudas. Y eso, créeme, ya es un buen comienzo. Este libro no pretendía convencerte de nada, solo incomodar lo justo para que te detuvieras a pensar, a revisar lo que das por hecho, a cuestionar lo que has defendido siempre, tal vez sin haberlo elegido realmente.

En un mundo cada vez más colapsado de constantes estímulos, más ideologizado y más reactivo, pensar con calma se ha convertido en un gesto casi revolucionario. No gritar, no repetir eslóganes, no asumir lo que «toca» según tu grupo. Solo pensar. Solo mirar con ojos propios.

Nos han vendido que estar ideologizado es tener principios, que dudar es ser débil, que cambiar de opinión es traicionar tu identidad, que si no estás conmigo estás contra mí. Y así hemos acabado: enfrentados, confundidos y manipulados.

Pero no nacimos para ser soldados de ningún partido ni feligreses de ninguna causa. Nacimos libres. Y pensar por cuenta propia no es solo un derecho: es una responsabilidad.

Este libro no pretendía darte respuestas; quería devolverte preguntas. Porque lo peligroso no es no saber, sino creer que ya lo sabes todo. Y las ideologías, como has visto, son adictas a las certezas absolutas.

¿Y ahora qué?

Ahora viene lo difícil. Lo valiente. Lo incómodo. Ahora te toca a ti.

No necesitas cambiar el mundo; basta con cambiar la forma en que lo miras.

Cada vez que escuches un discurso, pregúntate: ¿qué me están queriendo hacer sentir?, ¿qué me están ocultando?, ¿qué me están obligando a creer?

Practica la duda como si fuera un músculo.

El escepticismo como higiene mental.

La humildad intelectual como forma de resistencia.

No serás más feliz, ni más popular, ni más cómodo. Pero serás más libre.

Y si has llegado hasta aquí, probablemente ya lo seas un poco más que antes.

Como escribió Gregorio Marañón: «El problema de las ideologías es que enseñan a odiar antes que a pensar».

Y después de pensar, llega la calma: ese espacio donde la libertad se vuelve interior.

Epílogo

A veces, después de pensar tanto, lo que queda es aprender a escuchar. Si algo de lo que has leído te ha hecho detenerte un momento, cuestionar una idea o mirarte por dentro, entonces este camino ya ha empezado a mover algo en ti. Y eso es suficiente por ahora.

A lo largo del libro hemos hablado de la fuerza con la que las ideas pueden moldear nuestra mirada sin que lo notemos. Pero también hemos descubierto que existe un espacio dentro de cada uno que puede mantenerse libre, incluso cuando todo alrededor intenta ocuparlo. Ese espacio no se conquista con ruido, sino con conciencia.

La libertad interior no exige grandes gestos. Empieza de forma silenciosa: con la decisión de escucharte antes de repetir, de observar antes de reaccionar, de pensar antes de asumir. Es un proceso íntimo, a veces lento y casi siempre discreto. Pero ese gesto pequeño puede cambiar la dirección de una vida.

No tienes que tener respuestas para todo. No necesitas encajar en ninguna etiqueta para existir con coherencia. Puedes dar un paso atrás antes de opinar. Puedes elegir no entrar en discusiones que solo buscan dividir.

A veces, lo más valiente que uno puede hacer es guardar silencio y sentir primero qué hay dentro de sí.

Ese silencio no es pasividad ni indiferencia: es un regreso a ti. Ahí aparece tu voz auténtica, la que no necesita gritar para sentirse real.

No pertenecer a un bando no te deja en tierra de nadie; te devuelve a tu propio territorio. Te permite mirar a los demás sin la barrera de un color, una etiqueta o un eslogan. Cuando no necesitas que otro te diga quién eres, puedes escuchar con más amplitud y aprender de quien piensa distinto, y encontrar puntos en los que nunca habrías reparado.

Vivir despierto no significa vivir en alerta constante, ni desconfiar de todo, ni desmontar cada idea que te rodea. Es recordar, de vez en cuando, que la voz más importante para tu vida es la tuya y que a esa voz conviene darle un lugar y un tiempo para existir.

Puede que, a partir de ahora, sigas encontrando ideas que quieras cuestionar. Otras te inspirarán. Algunas te incomodarán. Déjalas convivir. No hace falta resolverlo todo. Deja que la reflexión siga haciendo su trabajo, sin prisa. La claridad suele llegar cuando dejamos de forzarla.

Si alguna vez sientes que el ruido vuelve a ser demasiado, vuelve a ese espacio interior donde nadie puede decirte qué pensar. Respira. Observa. Escúchate. Ese es tu refugio. Ahí empieza tu libertad.Tal vez no sea un camino fácil ni rápido, pero es un camino tuyo. Y eso lo hace valioso.

No se trata de escapar del mundo, sino de habitarlo sin perderte en él. No de pensar «mejor» que otros, sino de pensar de forma honesta contigo. No se trata de ser perfecto, sino de ser consciente.

Y si alguna vez dudas, recuerda esto: **la verdad nunca necesita imponerse. Solo necesita que la escuches con la mente abierta y el corazón en calma.**

Nota del autor

Hace un año decidí escribir este libro porque llevaba demasiado tiempo sintiendo que algo no encajaba. Vivimos rodeados de discursos, consignas y banderas que intentan decirnos quiénes somos y qué debemos pensar. Las ideologías —todas, no solo algunas— se han convertido en una especie de neblina permanente que oscurece nuestra mirada y limita nuestra convivencia. Y tenía la necesidad de poner palabras a ese malestar.

Es paradójico: nunca en la historia habíamos tenido tanta información al alcance de la mano, tantas oportunidades para contrastar, para dudar, para aprender… y, sin embargo, nunca habíamos pensado tan poco. Nos hemos acomodado a repetir lo que nos dan hecho, a delegar nuestro criterio en un partido, un líder, un algoritmo o una tribu digital. Es más fácil, sí. Pero también más peligroso.

Este libro nace de esa inquietud: de la necesidad de recuperar el pensamiento propio en un tiempo en el que todo empuja hacia el rebaño. No escribo desde la superioridad ni desde la certeza, sino desde la misma preocupación que muchos sienten y no siempre saben cómo expresar. Ojalá estas páginas sirvan, aunque sea un poco, para recordarnos que la libertad empieza en la cabeza y que nadie puede pensar por nosotros sin nuestro consentimiento.

Fuentes y lecturas que inspiran este libro

1. Pensamiento filosófico y político

Daniel Bell
El fin de las ideologías (1960)

Jason Brennan
Contra la democracia (2016)

Noam Chomsky
Manufacturing Consent (1988, con Edward S. Herman)
Ilusiones necesarias (1991)

Hannah Arendt
Los orígenes del totalitarismo (1951)
La condición humana (1958)

Michel Foucault
Vigilar y castigar (1975)
La arqueología del saber (1969)

Simone Weil
Echar raíces (1949)
La gravedad y la gracia (1947)

Friedrich Nietzsche
Así habló Zaratustra (1883-1885)
Genealogía de la moral (1887)

José Ortega y Gasset
La rebelión de las masas (1930)

Karl Marx
La ideología alemana (1846)

Erich Fromm
El miedo a la libertad (1941)

2. Crítica cultural y medios

George Orwell
Rebelión en la granja (1945)
1984 (1949)

Slavoj Žižek
Bienvenidos al desierto de lo real (2002)
El sublime objeto de la ideología (1989)

Aldous Huxley
Un mundo feliz (1932)

Henrik Ibsen
Un enemigo del pueblo (1882)

3. Educación, pensamiento crítico y sociedad

Nelson Mandela: «La educación es el arma más poderosa que puedes usar para cambiar el mundo»

Mark Twain: «Es más fácil engañar a alguien que convencerle de que ha sido engañado».

Daniel J. Boorstin: «El mayor obstáculo al conocimiento no es la ignorancia, sino la ilusión de conocimiento».

Voltaire: «Cuanto menos piensa la gente, más se habla de libertad».